NOTE

SUR

LE ROI HILDÉRIK III

PAR

Jules-Stanislas DOINEL

Archiviste-Paléographe

OFFICIER DE L'INSTRUCTION PUBLIQUE

1899

—

200 EXEMPLAIRES NUMÉROTÉS

BBADIE, Libraire-Editeur, Carcassonne

NOTE
SUR
LE ROI HILDÉRIK III

PAR

Jules-Stanislas DOINEL

Archiviste-Paléographe

OFFICIER DE L'INSTRUCTION PUBLIQUE

1899

—

200 EXEMPLAIRES NUMÉROTÉS

Vᶜ ABBADIE, Libraire-Editeur, Carcassonne

A

M. A. GIRY, Membre de l'Institut
Professeur à l'Ecole des Chartes

HOMMAGE D'ADMIRATION

« *Quem divina pietas sublimat ad regnum, condecet facta conservare parentum.* »

(Placite du roi Hildérik III. Dom Bouquet, IV, 710).

I.

En 741, à la mort de Karl Martel, ses deux fils, Pippinus et Karlomann prirent le pouvoir, sous le titre de maires du Palais, *Majores Domus*, l'un en Austrasie, l'autre en Neustrie et en Burgondie. Depuis 737, il y avait eu interrègne. Les deux frères firent cesser la vacance du Trône. Comme l'année 742, s'achevait, Hildérik III fut proclamé.

Quelles raisons poussèrent les deux frères à rétablir un monarque? Nulle autre que l'impossibilité où ils se trouvaient d'usurper l'empire.

Ce que leur père Karl-Martel, dans tout l'éclat de sa gloire, n'avait pas osé entreprendre, ils ne l'osèrent pas non plus. En ce qui concerne Karlomann, un texte publié par Dom Bouquet et Pardessus, après Dom Martène, nous excite à faire une conjecture raisonnable. Ce texte est un placite royal de Hildérik III. Le Souverain dit dans son préambule : « *Hildericus, rex Francorum, viro inclito Karlomanno, majori Domus, qui Nobis* (nos) *in solium regni instituit.* »

Ce texte précieux attribue à Karlomann, l'acte de la restauration royale. Il ne fait aucune mention de Pippinus. Il a profondément sollicité notre esprit. Karlomann aurait-il imposé à son frère l'obligation de rétablir un Mérovingien ? L'aurait-il imposée, par conscience et par respect héréditaire pour une famille bienfaitrice de la sienne ? Aurions-nous dans cette ligne suggestive, la clef de l'énigme de l'interrègne ? Et Pippinus aurait-il, par politique, rongé son frein, tant que la haute et loyale protection de Karlomann s'est étendue sur la personne du dernier roi chevelu ? Quand, plus tard, grâce à la connivence du pape Zacharias, l'usurpation est devenue prochaine et a été rendue fatale, la retraite du prince Karlomann au Mont-Cassin, en aurait-elle été le blâme indirect et le désaveu moral ?

Tout autant de questions qui se présentent à l'intelligence, devant ce texte obscur et peu remarqué.

II.

Qui était et d'où venait le roi Hildérik III ? M. Fustel de Coulanges écrit à la page 195 de son chef-d'œuvre sur les *Transformations de la Royauté* : « Ils trouvèrent dans un couvent, dit-on, un personnage dont la filiation n'est pas bien certaine ».

La filiation n'est pas bien certaine, soit — on va voir qu'on peut tout au moins l'éclaircir — ; mais, en tout cas, le roi était un Mérovingien des plus authentiques. Autrement, Pippinus et Karlomann ne l'auraient pas intronisé. Il eût été bien plus simple, la race étant éteinte, de prendre directement le sceptre devenu libre. Et il est bien croyable, que si le grand Karl, père des deux princes, n'avait pas ceint le diadème, c'est qu'il savait de bonne source que ce diadème n'était point en deshérence et qu'un descendant légitime et réel de Chlodewig le Grand et de Daghobert le Justicier végétait dans quelque cloître ou dans la cour de quelque roi Anglo-Saxon.

Karl prolongea l'interrègne, parce qu'il lui déplaisait de sentir un roi près de lui, mais il se garda bien d'usurper. Voilà, selon nous, la meilleure preuve de l'authenticité du prince.

M. Fustel de Coulanges s'abuse étrangement, quand il ajoute que la famille de Pippinus ne se présentait pas comme l'ennemie de la dynastie régnante et qu'elle mit ses soins à la faire durer. La chose paraît étrange. Tout marque, au contraire, que la maison de Pippinus supprima la vieille royauté, dès qu'il lui fut loisible de la supprimer. Peut-être, toutefois, faut-il faire une exception en faveur du loyal Karlomann.

Karl-Martel ne ceignit pas la couronne, mais il régna sans la couronne et laissa Hildérik dans sa retraite.

Pippinus proclama donc ce Mérovingien, soit parceque Karlomann l'exigea, soit parce qu'il y fut contraint par les circonstances ; mais il le relégua dans un couvent, lui arracha le sceptre, aussitôt qu'il eut la possibilité d'agir ainsi. Pippinus-le-Bref, père de Karl-Magne, a été certainement un politique fameux, mais certainement aussi il a été un sujet déloyal et un remarquable usurpateur. La race des Capétiens n'a fait que rendre à sa race la loi vengeresse et la Némésis du talion.

Voilà quelle fut l'amitié que la famille Carolingienne témoigna à la maison de Mérowig.

III.

Les Textes rares et incomplets ne nous donnent aucune notion précise sur la filiation de Sa Clémence, le roi Hildérik III. Les savants les plus autorisés ne sont pas d'accord sur ce point difficile. Mabillon (De re Diplomaticâ) le fait fils de Hilpérik II et son sentiment est le plus suivi. Valois, Le Cointe, Henschen, lui donnent pour père, Théodérik IV. M. Giry, dont la haute compétence scientifique fait loi, a bien voulu nous écrire à ce sujet : « Il y a dans le tableau de mon Manuel (Manuel diplomatique, p. 711) une faute d'impression, Childéric III devrait figurer au bas du tableau, comme dernier Mérovingien, sans être rattaché aux autres par aucune marque de filiation, car je serais fort embarrassé de dire s'il était fils de Chilpéric II, de Thierry IV, ou de quelque autre ». Et ce savant dont la modestie égale la valeur hors pair, ajoute : « A côté de la faute d'impression, il y en a une autre qui est de mon fait. J'ai eu certainement tort d'accepter la date de 734, pour celle de sa naissance. Cette date qu'on retrouve partout, ne me paraît reposer sur aucune base sérieuse. On ne sait ni quand il est né, ni quel était son père. C'était un prince Mérovingien, enfermé dans un couvent. Tout ce qu'on a dit de plus, me paraît conjectures vaines ». (Lettre de M. A. Giry, du 13 décembre 1898).

Un tel aveu d'un tel érudit est une leçon pour tous.

Ainsi parlait, ainsi pensait notre maître à tous, Jules Quicherat.

C'est justement ce point de ténèbres que nous voudrions éclairer.

Un texte, un passage de la chronique de Fontenelle nous informe que Théodérik IV fut le père de notre roi. (Dom Bouquet II, p. 660, C.) La chronique de Fontenelle semble réclamer quelque autorité. Son auteur anonyme est mort vers 834. Nous savons que le fils de Hildérik, le roi de droit, sinon de fait, Théodérik V fut relégué à Fontenelle. L'auteur aurait pu tenir de lui, ou de ses entours, le fait qu'il affirme. Et cela seul trancherait la difficulté, si nous ne rencontrions pas ailleurs une autre assertion.

Nous possédons un placite de l'année 749, daté du 15 mars, l'an VII du règne de Hildérik III. Dans ce placite, d'ailleurs suspect, donné à Crécy-en-Ponthieu, en faveur du monastère de Saint-Calais (Dom Bouquet, v. p. 147), Sa Clémence dit en propres termes : « *Sobrinus noster, Dagobertus quondam rex.* »

Ce Daghobert ne peut être que Daghobert III, fils de Hildebert III.

Le sens du mot *sobrinus* ou *consobrinus*, n'est pas douteux. Il désigne un cousin issu de germain. (Voir Freund. Voir aussi Du Cange). A ce compte, Hildérik III, cousin de Daghobert III, est fils d'un frère de Hildebert III. Il ne se peut qu'il soit fils de Chlodewig III, puisque ce prince mourut à l'âge de treize ans. Il faut donc que Hildebert III ait eu un autre frère et c'est de cet autre frère que Sa Clémence est le fils.

Or, nous nous reportons à un placite de Hildebert III, de l'an 710. (Dom Bouquet. v. p. 684). Dans ce placite concédé à l'abbaye de St-Denis, nous trouvons justement que le roi se donne un frère qu'il appelle Chlotaker : « *Germanus noster Chlotacharius.* » Ce Chlotaker est donc comme lui-même Daghobert III et comme son autre frère, Chlodewig III, fils du roi Théodérik III.

Mais, dit-on. l'on ne trouve pas trace du règne d'un roi Chlotaker IV. Et l'on en a conclu, très arbitrairement d'ailleurs. que ce Chlotaker et Chlodewig III ne faisaient qu'un même personnage. C'est trancher le nœud gordien. Ce n'est pas le délier. Quel texte authentique et probant démontre que Chlodewig a porté le nom bien différent du sien. de Chlotaker? Et qui dit que Karl-Martel, n'a pas, comme plusieurs le pensent, opposé, ou cherché à opposer un Mérovingien du nom de Chlotaker, à Hilpérik II? Pippinus, fils de Karl-Martel, dans un précepte de 749 (Dom Bouquet. v. p. 715), nomme à plusieurs reprises, ce roi Chlotaker, à la suite de Hildebert III. — « *Childebertus et Chlotarius, quondam reges....* » — « *Chlotarius, quondam rex, per suam confirmationem regalem...* » — « *Jamdictorum principum Childeberti et Chlotarii quondam regum....* » — Il s'agit bien ici de Hildebert III et d'un Chlotaker qui régna après lui.

C'est de ce Chlotaker IV, que serait né Hildérik III. Voilà pourquoi ce monarque a pu légitimement appeler Daghobert III, son cousin : « *Sobrinus Noster.* »

Ceci admis, Hildérik III serait moins jeune qu'on ne l'a cru. Il peut être né entre 715 et 720. Et l'on s'explique aisément que Chlotaker IV, déposé ou mort, son fils a pu être enfermé dans un cloître, à moins que des leudes fidèles de la truste royale ne l'aient transporté en Angleterre où il aurait épousé l'anglo-saxonne Ghisèle, sa femme.

IV.

Nous avons ici à justifier l'emploi que nous avons fait, pour appuyer notre hypothèse, de la pièce attribuée au roi Hildérik III, du 15 mars 749.

Ce document est classé par Mabillon dans la catégorie des actes supposés ou fabriqués. Il y aurait outrecuidance à s'élever contre un jugement de Mabillon, surtout quand il a été confirmé par celui d'un Julien Havet ou d'un A. Giry. Nous tenons donc notre charte *pour fausse*, fabriquée au ix⁰ siècle, dans le but d'attribuer aux évêques du Mans, des droits sur l'abbaye de Saint-Calais et provenant d'un dossier de pièces controuvées, reconnues et condamnées comme telles, dès 863. Que ce soit l'évêque Aldric, ou tout autre, qui l'ait forgée, il n'importe. Si Aldric a fabriqué les fausses décrétales dites d'*Isidore*, il a bien pu, pour s'en aider, composer un placite Mérovingien. Nous rendons donc les armes à la science de Mabillon, de M. Giry et de Julien Havet.

Donc le diplôme est faux, dans sa forme, dans ses prétentions, dans son but. Mais sur quoi porte notre hypothèse ? Uniquement sur les deux mots : « *sobrinus noster* » — « notre cousin germain ».

De deux choses l'une. Ou le falsificateur a inventé cette attribution de parenté ; ou il s'est servi d'un fait réel, reconnu de son temps, et n'a affirmé qu'une vérité qui n'a rien à voir avec le but qu'il se proposait en forgeant le précepte du Roi.

Dans le premier cas, on ne comprend guère pourquoi il a donné à Hildérik III, le titre de *cousin* de Daghobert, plutôt que tout autre titre, et l'on en tire la conséquence qu'il savait de source certaine que Hildérik et Daghobert étaient bien cousins germains. S'il a inventé la parenté, pourquoi a-t il choisi le cousinage plutôt que tout autre degré d'affinité ? Nous sommes donc autorisés à admettre le second cas, assurés que le falsificateur a constaté tout simplement une évidence traditionnelle, un témoignage adopté à son époque et qui, dans sa pensée, DEVAIT DONNER A SON FAUX UNE APPARENCE D'AUTHENTICITÉ.

Il est bien évident, en effet, qu'un clerc du ixe siècle a dû chercher à reproduire dans ses faux, les caractères propres à faire admettre ces faux eux-mêmes. Il est bien évident qu'Aldric, surtout, n'aurait pas été assez maladroit, assez simple, assez borné, pour désigner par une personnalité aussi frappante, un roi à qui il attribuait l'émission de son texte, si ce roi n'avait pas possédé cette personnalité, qui le désignait si nettement. C'est ainsi qu'en parlant au nom de Hildebert I, par exemple, il n'aurait pas été assez naïf pour l'appeler le frère de Chlodewig-le-Grand, parce que tout le monde alors savait qu'il était son fils et non son frère.

Donc, il n'a pas pu faire de Hildérik un cousin de Daghobert, si réellement il ne l'était pas.

De sorte que le placite de 749, tout faux qu'il soit, a la même valeur démonstrative qu'un placite authentique, en ce qui touche à la qualité de parenté qu'il attribue au souverain.

Dans la première moitié du ixe siècle, quelques vieillards vivaient encore qui, dans leur jeunesse, avaient pu connaître, visiter eux-mêmes, Hildérik III, ou avoir tout au moins des relations avec le prince Théodérik son fils, la reine Ghisèle, sa femme, ou des leudes de leur truste royale, ou des clercs de leur chapelle et de leur chancellerie. Ces vieillards étaient donc au courant des choses de sa famille et de son règne. Aldric a peut-être été l'un de ceux-là. En tout cas, Aldric était un personnage trop éminent, trop habile et trop bien informé pour avoir, de légèreté de plume, hasardé une qualification aussi précise que celle de « *sobrinus noster* » sans autre forme de procès.

La fausseté du placite n'infirme donc en rien notre légitime et suggestive hypothèse.

Et puis, si le placite est faux dans la forme où il nous est parvenu, qui peut dire qu'il n'a pas été forgé avec l'aide d'un placite véritable? N'oublions pas la règle très sage posée par nos devanciers dans la carrière difficile de l'érudition et de la critique des textes. Un document n'est pas toujours entièrement faux, quand il est suspect ou interpolé. Et le nôtre est évidemment très suspect. Dom Mabillon estime que des défauts, s'ils ne sont pas essentiels, ne nuisent pas nécessairement à l'authenticité d'un texte. Et même dans les textes absolument controuvés, il peut y avoir des emprunts faits à des documents véritables.

V.

Que devint Hildérik avant de monter sur le trône en 742?

Il a été probablement interné à St Omer, ou Sithiu, dans le monastère comblé de faveurs par ses ancêtres. Ou bien, comme nous le disions, il a été transporté à la cour d'un roi Saxon de l'Heptarchie, qui devint plus tard son beau-père. Cela dépend de la date inconnue de sa naissance et de la date inconnue de la déposition ou de la mort de son père. Nous n'osons pas, en l'absence de textes, nous prononcer. Mais s'il a été interné dans un cloître, celui de Sithiu, *où il finit ses jours*, nous paraît tout indiqué ! En 682, Théodérik III ; en 687, ce même prince ; en 691, Chlodewig III : en 718, Hilpérik II : en 721, Hilpérik II encore, avaient prodigué leurs royales largesses à la maison de St-Bertin.

Ce serait donc à Sithiu que Karlomann et Pippinus, Karlomann surtout, auraient été chercher un prince âgé alors d'au moins 22 ans, afin de l'élever sur le trône de ses aïeux, les rois chevelus. C'est aussi à Sithiu que l'usurpateur le renvoya et c'est à Sithiu qu'il mourut en 755.

M. Paul Viollet, dans son *Histoire des Institutions politiques et administratives de la France*, (pp. 257 à 263), étudie avec une grande sagacité les moyens employés par l'Usurpateur pour arriver à la dépossession de l'infortuné Hildérik III, et établit péremptoirement la connivence intéressée du St-Siège dans cette mesure aussi inique que brutale. Le Pape seul, en effet, pouvait entraîner les consciences et sans lui l'Usurpateur aurait échoué ! M. Viollet rappelle que la tentative de Grimoald au VIIe siècle avait été prématurée et que cet ambitieux sans scrupule l'avait chèrement expiée (p. 258). Le serment de fidélité prêté aux rois Mérovingiens, le jour de leur instauration, établissait entre le Prince et les grands un lien, trop fort, pour être rompu aisément. M. Viollet remarque que notre beau mot de « loyalisme » exprime parfaitement le caractère de ce lien (p. 228). Si l'usage de la prestation générale de ce *sacramentum* avait été abandonné, comme plusieurs l'ont soutenu, sous les derniers souverains de la race légitime, il n'en demeure pas moins exact que le maire du Palais, tout au moins, et les grands chargés de gouverner et d'administrer les provinces, l'avaient prêté à Hildérik. La puissance ecclésiastique fut donc invoquée par eux et ils n'agirent qu'après avoir été déliés.

La Papauté avait un double motif de répondre aux vœux de l'Usurpateur. D'abord, au lieu d'un roi faible, d'un prince sans pouvoir et sans autorité, elle rencontrait en Pippinus, un protecteur puissant contre les Lombards. Ensuite, elle faisait entrer dans l'Histoire, comme un fait et comme un précédent, son droit à disposer des couronnes. Je suis loin de blâmer le pape Zacharias d'avoir, en grand politique, profité de l'occasion que lui offraient les circonstances. Mais je suis loin de l'admirer. Le rôle du successeur de St-Pierre eût été plus noble et plus religieux, plus conforme à l'esprit de l'Evangile et à la justice éternelle, s'il eût défendu le faible, protégé l'opprimé et sauvé la légitimité, de l'Usurpation. Il eût payé saintement ainsi, la dette que Rome chrétienne avait contractée envers Chlodewig et sa royale maison.

Oui, malgré la faiblesse du jeune roi, malgré sa pauvreté relative, malgré son impuissance, et bien qu'il fût un fantôme de souverain et non un souverain, les consciences furent profondément troublées par l'Usurpation. Et il fallut non seulement l'assentiment de Rome, mais encore le sacre de Pippinus, pour les rassurer, ou pour les endormir. C'est que l'idée du droit était toute puissante. C'est que ces « Barbares, comme le dit si bien M. Viollet, avaient une conscience chrétienne singulièrement délicate (p. 276). »

VI

En serrant de près les textes très rares et très courts qui relatent le changement de dynastie, on s'aperçoit bien vite que le principal obstacle aux visées du Maire du Palais, était justement cette résistance du Droit. Il y a d'abord une assemblée générale et un consentement de tous les Francks (lisons de tous les grands). « *Cum concilio et consensu omnium Francorum* ». Mais sur quoi porte ce consentement? Sur l'envoi à Rome, de messagers qui doivent consulter Zacharias. Il semble que les Leudes aient dit à Pippinus : « Obtenez le consentement du Pape. Lui seul peut nous délier de notre serment. »

Ces grands qui n'attendaient plus rien du monarque indigent et annihilé et qui avaient tout à espérer de Pippinus-le-Bref, dignités, fonctions, terres, avaient tout

intérêt à le seconder. Ce n'est donc pas le sentiment qui les liait encore à Hildérik, car le sentiment jouait un rôle fort restreint chez les Francks ; c'était le serment, c'était le Droit. Burchard, évêque de Wurzbourg et le chapelain Folrad, partirent donc pour Rome, afin de consulter le vicaire de Jésus-Christ. Et que devaient ils lui demander? Tout simplement, ceci : « Qui doit être roi, celui qui ne l'est que de nom, ou celui qui exerce le pouvoir ? « *Ut consulerent Pontificem de causa Regum, qui illo tempore fuerunt in Francia, qui nomen tantum Regis, sed nullam potestatem regiam habuerunt.* » Ainsi s'exprime Eginhard, dans ses *Annales*, à l'année 750. Et Eginhard est tout dévoué aux Carolingiens. Et que répond le Pape qui certainement a été prévenu d'avance et qui a peut-être conseillé à Pippinus, cette démarche habile autant que nécessaire? Le Pape répond qu'il valait mieux donner le titre de Roi à celui qui exerçait le pouvoir. Et il accorda son autorisation pour que Pippinus fût roi. C'est-à-dire, il délia Pippinus et les leudes, du serment de fidélité. Il transféra le droit. — « *Per quos prædictus Pontifex mandavit melius esse illum vocari regem, apud quem summa potestas consisteret.* » Le même Eginhard dit a encore dans sa *Vie de Charlemagne* : « Pépin fut fait roi de Maire du Palais qu'il était par l'autorité du Pontife Romain. *Per auctoritatem Romani Pontificis.* »

C'est clair. Le Pape a besoin de Pippinus, mais Pippinus a besoin du Pape. C'est la politique du *donnant donnant*. Et si Hildérik III avait pu fournir à Zacharias le secours que Zacharias attendait de Pippinus,

Hildérik III serait demeuré roi. Le Droit aurait été d'accord avec la politique.

Eh bien ! malgré cela, le Droit était si fort, si respecté, qu'il fallut une autre sanction. Cette sanction, ce fut le sacre. M. Viollet a eu la même pensée lorsqu'il a dit : « Je me persuade que cette haute sanction ne suffit pas à étouffer tous les scrupules. On voulut sans doute leur porter un dernier coup, en faisant du Roi... un personnage sacré, aussi saint que l'Evêque. » (p. 260-261). (1).

---

(1) Il semblerait, d'après un texte que cite Waitz dans ses *Deutsche Verfassungsgeschichte*, tome III. I. 2e édition, p. 64, et que reproduit en note M. Viollet, que Hildérik avait été sacré. Le voici :

« Mortuo Theodorico ; Karlus Hildricum sibi regem fecit in Neustria et Austria. Huc usque absque unctione regali regnabant reges in Neustria, id est in Gallia, et in Austria, id est in Germania. » Notes de Wibald, abbé d'Hautvilliers. (*British Museum*. nos 21109. fo 183 recto). Toutefois, ce texte peut s'entendre de l'inauguration du sacre avec la famille Carolingienne, comme le pense M. Viollet, avec quelque hésitation cependant. Le texte ne dit pas formellement qu'Hildérik eut été sacré, il dit que Karl-Martel le fit roi en Neustrie et en Austrasie, après la mort du roi Theodérik, et que les rois d'Austrasie et de Neustrie avaient jusque-là régné sans recevoir l'onction royale. Et la pensée de cet abbé est apparemment que Pippinus innove en cette matière.

VII

Saint Boniface aurait donc sacré Pippinus. C'est Eginhard qui nous l'apprend. Il paraît que ce fait n'est pas certain. Malgré l'autorité d'Eginhard, plusieurs savants contestent le fait. Citons Hefele, *Histoire des Conciles*, traduite par M. Delarc. IV. 478. M. Viollet cite d'autres savants : Phillips, Pfhaler, Rettberg, Oelsner. (Voir note 1. p. 261).

Que le sacre ait été conféré ou non par St Boniface, ce qui importe c'est qu'il le fut par le Pape qui succéda à Zacharias. Etienne II, le 28 juillet 754, sacra Pippinus, sa femme et leurs deux fils, Karlomann et Karl, dans dans l'abbatiale de St-Denis. Cela fait deux sacres. Le premier est conféré par St Boniface, ou par tout autre. Le second est conféré par le Pape Etienne II. Et c'est à la suite du premier que l'Usurpateur fut élevé sur le trône « *in solium regni* », d'après l'expression consacrée, dans la cité de Soissons. Il ne fut roi que de ce moment. Et c'est après ce sacre et l'élévation qui *ne le précéda pas, mais qui le suivit*, remarquons bien cela, que le souverain légitime fut tondu et enfermé dans un monastère. Et si l'on veut bien lire attentivement, touchant ce dernier fait, le texte d'Eginhard, on s'apercevra facilement que dès que Pippinus eut été sacré, Hildérik ne fut plus regardé comme roi, mais comme PORTANT SANS DROIT le titre de Roi. Ce qui veut dire que le Droit avait été transféré et que pour les grands Pippinus était devenu, de par le sacre, roi légitime et Hildérik le faux roi : « *qui falso regis nomine fungebatur.* »

Voilà le Roi de Droit devenu un prétendant. Cette expression si nette, si juste, si heureuse, est de M. Viollet (p. 261). On le tond. On l'enferme à St-Omer. Pippinus est roi.

Eh bien, M. Viollet ajoute, et c'est un honneur pour nous de nous rencontrer avec ce savant insigne : « (Ce prétendant) a un parti autour de lui : il a des amis et tous les Francs ne partagent pas les sentiments exprimés par Eginhard. On sentait donc le besoin de consolider la dynastie nouvelle et voilà pourquoi le Pape Etienne II étant venu implorer le secours des Francs contre Astolphe, roi des Lombards, fut prié de conférer encore une fois à Pippinus la sainte onction (pp. 261-262). » Le Pape venait réclamer plutôt qu'implorer. Et Pippinus, avant d'aller payer sa dette, lui demanda de confirmer par le sacre donné de sa main apostolique, la sanction déjà acquise, mais discutée encore par quelques grands, qui peut être tournaient leurs regards vers l'Abbaye, où leur Roi dépouillé et trahi, priait et pleurait sous la robe monacale. Trois années s'étaient écoulées depuis l'Usurpation. Et l'Usurpateur n'était pas encore sûr de la solidité de sa couronne. Il fallut que la main même du chef des chrétiens l'affermît sur sa tête.

J'ai toujours pensé, malgré l'absence actuelle des textes, que durant ces trois années il y eut des tentatives de restauration et que ces tentatives cessèrent par le fait même du sacre conféré par Etienne II à Pippinus-le-Bref.

Le lien qui unissait les Francks à la race royale était si durable « qu'il se trouva des légitimistes qui cherchèrent à se donner satisfaction à eux-mêmes, en édifiant à la nouvelle famille royale une généalogie Mérovingienne. Tout en acceptant les Carolingiens, ils tenaient à affirmer que la Nation était restée fidèle à la règle antique qui voulait que le Roi fût toujours choisi dans la famille de Mérovée. »

Ainsi parle excellemment M. Viollet en renvoyant aux documents produits par Pertz. (*Scriptores*. II. pp. 308-314).

VIII.

Comment sa déposition fut-elle signifiée au dernier roi Mérovingien ?

C'est le Pape qui avait délié les optimates de leurs serments. C'est donc un personnage ecclésiastique, probablement l'abbé de Soissons, qui informa officiellement Hildérik de la décision du pape. Pippinus n'eut garde de paraître devant son souverain dépouillé, trompé et trahi. Une chronique, celle d'Adémar (xie siècle), assez suspecte d'ailleurs, laisserait entendre que le roi Hildérik, qu'elle donne pour frère à Théodérik IV, était *fou* comme ce dernier prince. Il n'est pas impossible que Pippinus ait fait répandre parmi les Francks ce bruit abominable. Cette chronique ajoute, qu'en mourant, Karl-Martel avait ordonné à ses fils de proclamer Hildérik III. Sans tenir grand compte de cette chronique, nous pouvons constater qu'au xie siècle tout au moins, l'opinion favorable à l'Usurpateur, cherchait à expliquer son usurpation. Malheureusement pour cette thèse, il n'est pas question de la folie du Roi, mais de sa *faiblesse* et de sa *nullité politique* seulement, dans le message de Pippinus au Pape Zacharias. Et la folie, si elle eût été réelle, lui aurait fourni une raison très plausible à faire valoir auprès du pontife, pour obtenir sa sanction.

Une fois déposé, le Roi fut séparé de sa femme et de son fils, le prince Théodérik. La Reine fut reléguée dans le monastère de Notre-Dame à Soissons. Le prince Théodérik fut conduit à l'abbaye de Fontenelle où il devint clerc.

Le cœur est touché quand on songe à cet enfant, roi légitime depuis 755, séparé violemment dans un âge aussi tendre, du roi son père et de la reine, et condamné à la vie obscure et inconnue d'un clerc, dans une abbaye fondée et enrichie par ses ancêtres. Pas n'est besoin de faire remarquer la barbarie d'un procédé qui enlevait un jeune roi aux bras de sa femme, jeune comme lui, et les privait l'un et l'autre de la vue de leur enfant.

Le roi avait été relégué à Sithiu. Je suppose que l'infortuné choisit lui même cet asile. Il aimait le monastère *audomarois*. Il y revenait peut-être, s'il est vrai que pour le mettre sur le trône, les fils de Karl-Martel aient été le chercher dans ce cloître. En tout cas, Mabillon a reproduit dans son *De Re Diplomaticâ*. (p. 610. n° CXCVII), un précepte royal donné à Crécy-en-Ponthieu, l'an premier du règne de Hildérik, dans lequel ce souverain confirme les privilèges accordés par Théodérik IV à l'abbaye de Saint-Omer, alors gouvernée par l'abbé Waïmar.

On coupa les longs cheveux du prince. On le revêtit de la robe monacale de saint Benoît. L'Eglise lui fut maternelle et la bonté de l'abbé et des moines envers leur seigneur spolié, mit quelque douceur dans les courtes années qu'il avait encore à vivre. Peut être, quand Pippinus se sentit affermi sur le trône, permit-il à l'abbé de Fontenelle, de conduire le petit Théodérik à celui qui avait été son maître et son roi. On aimerait du moins à le croire.

Dom Bouquet (V. 187. D) nous a conservé un texte qui donnerait à penser que dans le couvent de Sithiu, Hildérik III était traité non en simple moine, mais en prince. Ce texte précieux est emprunté à la *Chronographie de Théophane*, qui vivait aux débuts du ixe siècle. Il est grec et se rapporte à l'an 757, huitième année du règne de Léon, empereur d'Orient. D'après ce document, le pape Etienne releva Pippinus de son parjure et ordonna que le roi déposé eût les cheveux coupés et fût relégué dans un monastère OU ON LE COMBLERAIT D'HONNEUR EN GRAND REPOS : « καί ἐν μοναστηρίῳ, μετά τιμῆσ καί ἀναπαύσεωσ περιορίβαντοσ »

Puisse-t-il en avoir été ainsi (1).

---

(1) Filiation du roi Hildérik III : — Chlodewig-le-Grand; Chlotaker I; Hilpérik I; Chlotaker II; Daghobert I; Chlodewig II; Théodérik III; CHLOTAKER IV; HILDÉRIK III; *Théodérik V* (dernier roi de droit).

Dans une prochaine étude, nous étudierons la question de la descendance Mérovingienne de Hugues Capet.